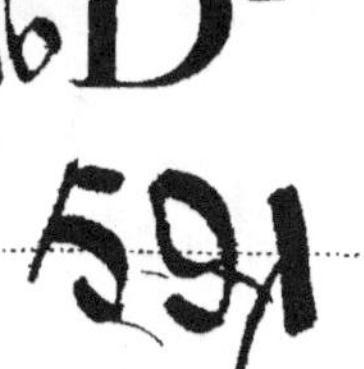

16 D²
591

AF232650

LE LIVRE

DE LA

Liberté chrétienne

Du Docteur MARTIN LUTHER

AVEC

L'ÉPITRE DÉDICATOIRE AU PAPE LÉON X

ET UNE

NOTICE HISTORIQUE

PAR

FÉLIX KUHN

PARIS

LIBRAIRIE SANDOZ & FISCHBACHER

G. FISCHBACHER, Successeur

33, RUE DE SEINE, 33

1879

LE LIVRE

DE LA

Liberté chrétienne

D²
91

CET OUVRAGE A ÉTÉ TIRÉ

A 220 exemplaires

SUR PAPIER DE HOLLANDE DE VAN GELDER

———

Exemplaire N.º 108

CONTEMPORAINE
BIBLIOTHÈQUE

LE LIVRE

DE LA

Liberté chrétienne

Du Docteur MARTIN LUTHER

AVEC

L'ÉPITRE DÉDICATOIRE AU PAPE LÉON X

ET UNE

NOTICE HISTORIQUE

PAR

FÉLIX KUHN

PARIS

LIBRAIRIE SANDOZ & FISCHBACHER

G. FISCHBACHER, Successeur

33, RUE DE SEINE, 33

—

1879

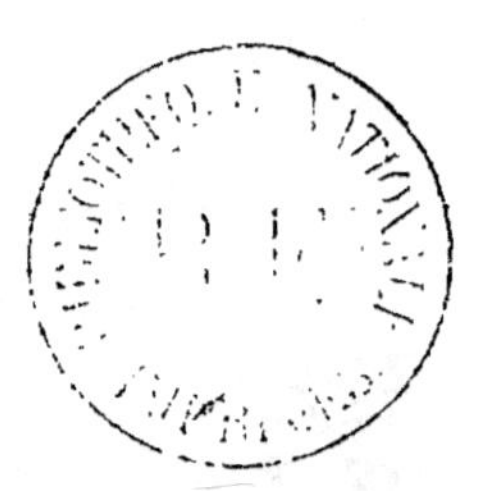
BIBLIOTHÈQUE NATIONALE

NOTICE HISTORIQUE.

La *Liberté chrétienne*, ce petit livre d'une forme si simple, d'une inspiration si sereine, parut à une des époques les plus agitées de la vie de Luther. C'était après sa fameuse entrevue avec le cardinal Cajetan, après la dispute de Leipsig, après la publication de ces terribles pamphlets : la lettre à la *Noblesse allemande* et la *Captivité de Babylone,* qui avaient creusé entre lui et l'Église romaine un abîme que rien ne pouvait plus combler.

Il y avait à Rome un gentilhomme saxon, nommé Charles de Miltitz, qui, par sa connaissance des affaires et sa situation particulière à l'égard de l'Électeur de Saxe, semblait avoir les aptitudes nécessaires pour ramener la paix dans l'Église, en détachant de Luther les hautes sympathies princières qui, aux yeux de la cour pontificale, faisaient toute sa force. Miltitz était un homme jeune, spirituel, mondain, sans préjugés. Camérier et secrétaire du pape Léon X, il cherchait à plaire et y réussissait pleinement, grâce à son esprit facile et à des manières très-libres. Arrivé en Allemagne, il apprit vite à connaître l'état réel des esprits, il vit la difficulté de l'entreprise dont on l'avait chargé, et dès lors il pencha vers les moyens de douceur et de conciliation. Il espérait par beaucoup de modération arrêter un conflit dont son caractère léger l'empêchait de voir toute la gravité. Il eut avec Luther plusieurs entrevues, élabora maints projets d'accord qui ne purent avoir aucune suite.

Tandis que Luther travaillait à son livre de la *Captivité de Babylone,* que la bulle qui l'excommuniait avait déjà été lancée, que tant de passions soulevaient les esprits devenus irréconciliables, Miltitz, par intérêt personnel, par patriotisme peut-être, persévérait dans ses tentatives d'apaisement. « Cette affaire n'est pas si noire que la prêtraille la fait, écrivait-il à l'Électeur, j'ai la consolante espérance qu'il y a moyen encore d'obtenir du Pape une décision favorable. »

A la même époque (28 août 1520), l'ordre des Augustins tenait une assemblée capitulaire à Eisleben. Staupitz, que cette grande tempête épouvantait, s'y démettait de sa charge. Miltitz se rendit au milieu d'eux, leur parla, les conjura d'enjoindre à Luther d'écrire au pape une lettre dans laquelle il lui donnerait l'assurance que jamais il n'avait eu l'intention d'attaquer sa propre personne. Cela était puéril. Les frères y consentirent sans peine; Staupitz et Link furent chargés du message, et Luther n'y fit aucune objection. « Je n'ai jamais eu affaire, dit-il, avec la personne du pape, quant au siége romain, j'y mettrai bien quelque sel, mais modérément. »

La publication en Allemagne de la Bulle d'excommunication, la colère qu'elle excita, le trouble dans lequel elle jeta les esprits, les violences du docteur Eck vinrent à la

traverse des desseins de Miltitz. Celui-ci tint bon néanmoins,
et, dans une entrevue qu'il eut avec Luther, à Lichtenberg
(11 octobre 1520), il le supplia de publier un écrit qu'il dé-
dierait au pape, et la lettre projetée dans laquelle il expose-
rait toute sa cause et mettrait en lumière la conduite odieuse
de ses adversaires. Et, pour qu'on ne le soupçonnât point
d'avoir écrit sous l'influence de la peur, il lui conseilla de
dater cette lettre du 6 septembre, époque à laquelle la Bulle
n'était point encore connue en Allemagne.. Miltitz espérait
que le pape, mieux informé, ouvrirait les yeux sur le danger
de la situation et ne serait pas fâché de retenir ou de modérer
les effets de l'excommunication. Il comptait beaucoup aussi
sur son influence personnelle et sur les démarches que l'Électeur pourrait faire auprès du pape. Luther ne partageait
nullement ces illusions; il consentit néanmoins à tout ce
qu'on demandait de lui, et écrivit, dans une heure de détente,
cette lettre au pape Léon X, dont nous donnons ici la tra-
duction, et cet admirable petit livre de la *Liberté chrétienne*,
une des œuvres les plus fines, les plus profondes de simpli-
cité et de sain mysticisme qui soient sorties de sa plume. La
lettre est d'un homme qui n'a plus ni crainte ni espoir,
ferme, digne, respectueuse de la personne du pape, mépri-
sante pour les institutions et pour la cour romaine. Sans doute
il se trompait sur le caractère de Léon X. Celui-ci, absorbé
dans les calculs de sa politique, épris des arts et des sciences
nouvelles, n'avait pas d'yeux pour voir les vices que lui
signalait le moine saxon.

F. K.

La lettre et le traité de la *Liberté chrétienne* parurent en
même temps en latin et en allemand, dans l'automne de

l'année 1520. Les plus anciennes éditions latines sont les suivantes :

Epistola Lutheriana ad Leonem decimum summum pontificem.

Tractatus de libertate christiana. Vuittembergæ. — A la fin ; Anno Domini M. D. XX. 4.

Epistola Martini Lutheri ad Leonem X et Tractatus de libertate christiana. Antverpiae per Michael. Hillenium. M. DXX, 4.

Epistola Lutheriana ad Leonem decimum summum pontificem.

Liber de christiana libertate, continens summam doctrinæ evangelicæ, etc... Tu Christiane lector, relege iterum atque iterum et Christum imbibe. Recognitus Wittembergæ. — A la fin : Anno Domini M. D. XXI. 4.

Les éditions allemandes sont fort nombreuses. Voici les plus anciennes :

Von der Freyheyt eines Christen menschen Doc. Martin Luthers geteutscht durch Georg Spalatinum. — A la fin : Gedruckt zu Wittembergk durch Johann Grunenberg. 1520.

Von der Freiheit eines Christen menschen Doc. Martin Luthers geteutscht durch Georg Spalatinum. Augspurg, 1528.

Von der freyheit eynes Christen menschen Martinus Luther. 1520.

Von der Freyhayt Aines Christen menschen. Sans date. (Hagenau 1520).

Von der Freyhait eyns Christen menschen : Von Martins Luther selbs teutsch gemacht. Wittenberg. Sans date (1520.)

Dans les œuvres complètes de Luther, édition d'Erlangen : en latin : volume IV, page 206 ss. des opera latina ; en allemand, vol. 27, p. 173 ss.

LETTRE

DU

DOCTEUR MARTIN LUTHER

AU PAPE LÉON X

———

JÉSUS

Martin Luther à Léon X, Pontife romain, Salut en Jésus-Christ, Notre Seigneur. Amen.

Du milieu de cette guerre où depuis trois ans je lutte et me débats contre les hommes les plus abominables de ce siècle, il faut bien que parfois mes regards et ma pensée aillent jusqu'à vous, ô Très-Saint Père Léon. Comment pourrait-il en être autrement, puisque c'est vous qui passez pour être la cause unique de la guerre qu'on me fait? Si vos flatteurs impies qui, sans cause, se sont irrités

I.

contre moi, m'ont contraint à en appeler de votre Saint-Siége à un futur concile, sans nul égard pour les vaines constitutions des papes Pie et Jules vos prédécesseurs, qui par une absurde tyrannie interdisent cet appel, mon cœur ne s'est pourtant pas détourné de votre Sainteté, et je n'ai jamais cessé de faire les vœux les plus ardents et d'adresser à Dieu les prières les plus constantes, les soupirs les plus profonds pour vous et pour votre Saint-Siége. S'il est vrai aussi que j'ai méprisé ceux qui, jusqu'à ce jour, se sont efforcés de m'effrayer par l'autorité et la majesté de votre nom, il est une chose néanmoins que je ne puis accepter, c'est ce reproche que l'on me fait, à ce que j'apprends, cette accusation qu'on porte contre moi d'avoir été assez téméraire pour ne pas même épargner votre personne.

Je crois, au contraire, pouvoir affirmer que toutes les fois qu'il m'a été nécessaire de parler de vous, je ne l'ai fait qu'en termes excellents et élogieux. S'il en était autrement, je ne saurais en aucune manière justifier mes paroles; j'accepterais le jugement de mes adversaires, et rien ne me serait plus doux que de faire l'aveu de ma témérité et de mon impiété. Je vous ai comparé à Daniel dans la ville de Babylone; et tout homme intelligent sentira en lisant mes écrits combien je me suis efforcé de défendre votre innocence contre le calomniateur Sylvestre. Votre vie sans tache est trop connue du monde entier, la renommée de votre nom a été célébrée par trop d'esprits illustres pour qu'un homme si haut placé qu'il soit, puisse jamais l'attaquer. Je ne suis pas assez fou pour vouloir rabaisser celui que tout le monde exalte, moi qui, d'ailleurs, me suis imposé le devoir d'épargner ceux-là même que le bruit public condamne. Je n'ai nul plaisir à relever les péchés des autres; je vois trop bien moi-même la poutre qui est dans mes yeux, et ce n'est pas moi qui jetterais le premier la pierre à la femme adultère.

Vraiment j'ai attaqué avec une grande vivacité des doctrines impies, et j'ai été mordant pour mes adversaires, non à cause de leurs mauvaises mœurs, mais à cause de leurs pernicieux enseignements. Je ne m'en repens pas; j'ai même, quel que soit le jugement qu'on en porte, pris la résolution de persévérer dans cette véhémence, à l'exemple de Jésus-Christ qui, enflammé de zèle, appelait ses adversaires : race de vipères, aveugles, hypocrites, enfants du démon. Saint Paul n'appelle-t-il pas Simon le magicien un homme diabolique, plein de ruse et de malice? Ne traite-t-il pas certains faux apôtres de chiens, de séducteurs, d'ennemis de l'Évangile? Si ces hommes dont les oreilles sont si sensibles avaient entendu cela, ne se plaindraient-ils pas aussi de la violence et de l'immodestie de cet apôtre? Qu'y a-t-il de plus mordant que les prophètes? Nous nous sommes, dans ce siècle, tellement accoutumés aux plus sottes adulations, que sitôt qu'on cesse de nous approuver, nous nous écrions qu'on nous mord; et comme nous ne saurions invoquer un motif sérieux pour rejeter la vérité, nous la repoussons simplement sous ce faux prétexte de violence, d'impatience, d'immodestie. A quoi donc sert le sel, s'il ne mord pas? A quoi le tranchant du glaive, s'il ne coupe pas? Maudit soit l'homme qui fait lâchement l'œuvre du Seigneur!

Je vous supplie donc, ô Saint-Père, d'écouter ma justification. Croyez que je n'ai jamais eu de mauvais desseins contre vous, que je vous souhaite pour l'éternité les biens les plus précieux; croyez que je n'ai jamais eu de dispute avec personne, si ce n'est pour la Parole de la vérité. Je cède volontiers tout à tous; mais quant à la Parole de Dieu, je ne puis ni ne veux l'abandonner et la trahir. Qui pense autrement de moi se trompe et ne me comprend pas.

J'ai attaqué, il est vrai, la cour de Rome dont ni vous ni personne ne niera la corruption plus grande que celle de Babylone et de Sodome; j'ai parlé avec horreur de son iniquité sans remède, et je me suis indigné de voir que sous votre nom et

sous celui de l’Église romaine, on se joue ainsi du peuple. J’ai résisté et je résisterai aussi longtemps qu’il y aura en moi une étincelle de foi; non que rêvant l’impossible, j’aie la moindre espérance de l’emporter, à moi seul, contre la furieuse opposition des courtisans, et d’amener quelque réforme dans cette Babylone où tout est confusion; mais pour remplir un devoir envers mes frères, et pour en sauver quelques-uns, s’il est possible, de cette peste romaine. Vous n’ignorez pas que Rome, depuis nombre d’années, inonde l’univers de tout ce qui peut perdre le corps et l’âme, et qu’elle lui donne en toutes choses le pire des spectacles. Rome jadis le ville sainte entre toutes, est devenue une caverne de voleurs, la sentine de tous les vices, le royaume du péché, de la mort et de l’enfer, tellement qu’on n’imagine pas que si l’Antéchrist venait, l’ignominie pût être plus grande. Tout cela est plus évident que la lumière même du soleil.

Et cependant, ô Léon! vous êtes là comme un agneau au milieu des loups, comme Daniel dans la fosse aux lions, comme Ézéchiel parmi les scorpions; seul que pouvez-vous contre ces monstres? Que peuvent avec vous, contre tous, trois ou quatre cardinaux aussi savants que vertueux? Vous périrez tous par le poison avant que d’avoir pu essayer quelques remèdes. C’en est fait de la curie romaine; la colère de Dieu l’a atteinte et sa fin est proche. Elle hait les conciles, elle a peur des réformes, elle refuse de modérer la fureur de son impiété; elle accomplit la prophétie faite sur Babylone sa mère. « Nous avons pansé Babylone, et elle ne s'est point guérie; abandonnons-la. » C'était à vous et à vos cardinaux d'y porter remède; mais le malade rit du médecin; le char n'obéit plus aux rênes. Aussi, dans mon affection pour vous, ô Léon! j'ai toujours regretté que vous ayez été élevé au pontificat dans ce temps-ci; vous qui étiez digne de l'être en des jours meilleurs. Rome n'est digne ni de vous ni de vos pareils. Il lui faudrait Satan lui-même qui, certes, est plus maître que vous dans cette Babylone.

Plût à Dieu que, vous dépouillant de cette gloire qu'exaltent ces hommes, vos pires ennemis, gloire dont la race de Judas Iscariot, ce fils de perdition, peut seule se glorifier, vous puissiez l'échanger contre un modeste pastorat, ou vivre de votre héritage paternel! Car à quoi servez-vous dans cette cour, si ce n'est à ce que les hommes les plus exécrables usent impunément de votre nom et de votre autorité pour ruiner les fortunes, perdre les âmes, multiplier les crimes, opprimer la foi, la vérité et toute l'Église de Dieu? O infortuné Léon, qui siégez sur le plus dangereux des trônes, écoutez donc la voix de la vérité. Je vous la dis, car je vous veux du bien. Si saint Bernard avait compassion de son pape Eugène à une époque où Rome, si corrompue qu'elle fût, pouvait encore être relevée; quelle plainte ne ferons-nous pas sur vous après qu'ont passé trois siècles de corruption et de vices !

N'est-il pas vrai que sous le vaste ciel, rien n'est plus corrompu, plus haïssable que la cour de Rome? Elle dépasse l'impiété des Turcs. Jadis elle était la porte du ciel; elle est devenue la bouche de l'enfer, bouche que la colère de Dieu tient ouverte, de telle sorte qu'il ne nous reste d'autre ressource que d'avertir le monde pour retirer et sauver au moins quelques âmes de ce gouffre.

Voilà, ô Léon mon Père, pourquoi je me suis déchaîné contre ce siége de pestilence. Loin de m'élever contre votre personne, j'ai cru mériter votre reconnaissance, travailler pour votre salut en battant en brèche votre prison, ou plutôt votre enfer. Tout ce qu'on peut faire pour jeter la confusion sur cette cour impie, se fait pour votre salut et celui de beaucoup d'autres. Lui causer toute sorte de mal, c'est s'acquitter de votre propre devoir; l'exécrer, c'est glorifier Christ; bref, c'est être chrétien que de n'être pas Romain.

Je dois dire maintenant que jamais je n'aurais eu de moi-même le désir d'attaquer la cour de Rome et de lui susciter n'importe quelle querelle. Désespérant de tous les remèdes, je la méprisais et lui avais donné ma lettre de divorce. « Que ce qui est immonde, reste immonde; que ce qui est souillé, se souille davantage »; et je m'abandonnais aux douces et sereines études des saintes lettres, afin d'être utile aux frères qui vivent auprès de moi.

J'y faisais quelque progrès quand Satan ouvrit les yeux et éveilla son serviteur Jean Eck, grand ennemi de Jésus-Christ, le poussa, par un désir effréné de gloire, à m'entraîner au combat, grâce à un mot qui m'était échappé sur la primauté de Rome, et dont il sut s'emparer. Ce fanfaron vaniteux, plein de jactance, se vantait de tout oser pour la gloire de Dieu, pour l'honneur du Saint-Siége apostolique. Abusant de l'autorité de votre nom, il pensait que sa victoire était certaine, et il cherchait à établir moins la primauté de saint Pierre, que la sienne propre sur tous les théologiens de ce temps-ci. Il lui semblait qu'un triomphe sur Luther ne serait pas inutile à ses projets. Dès que ce sophiste a vu l'insuccès misérable de ses desseins, une incroyable fureur s'est emparée de lui : il voit en effet que c'est par sa faute unique que j'ai jeté tout cet opprobre sur l'Église romaine.

Laissez-moi enfin, ô très-excellent Léon! plaider ma cause devant vous; laissez-moi vous dire quels sont vos vrais ennemis. Vous n'ignorez pas, je pense, comment a agi avec moi le cardinal de

Saint-Sixte, votre légat imprudent, malheureux, infidèle. Par déférence pour votre nom je m'étais remis, moi et ma cause, entre ses mains; il n'avait qu'un mot à dire pour rétablir la paix, puisque je promettais le silence et la fin de toute cette affaire, s'il l'exigeait en même temps de mes adversaires; et ce mot, il ne le dit pas. Cet homme orgueilleux méprisa l'offre que je lui faisais, se mit à justifier mes adversaires, à leur donner toute licence contre moi, et m'ordonna de me rétracter. Il n'avait pourtant pas mandat pour cela. Son importune tyrannie est cause que cette affaire qui était en bonne voie, n'a fait qu'empirer. Ce n'est point Luther qu'il faut accuser de tout ce qui est survenu depuis; c'est Cajétan seul qui n'a pas permis que je gardasse un silence que je demandais de toutes mes forces. Que pouvais-je faire de plus?

Puis vint Charles de Miltitz, nonce de votre Sainteté, qui n'épargna ni fatigues ni courses, pour réparer le mal que Cajétan, par son esprit téméraire et superbe, avait causé. Grâce au bon vouloir de l'illustrissime prince Frédéric, électeur de Saxe, il eut avec moi plusieurs entretiens familiers dans lesquels je promis de me taire, à cause de votre nom, et d'accepter pour juge l'archevêque de Trèves ou l'évêque de Nauembourg. Telles ont été nos résolutions. Tandis que nous traitions de ces choses avec espérance de succès, voici que de nouveau, Eck, votre véritable et grand ennemi, se jette sur moi avec sa dispute de Leipsig entreprise contre le docteur Carlstadt, et une nouvelle et singulière question sur la primauté du pape. Il dirige toutes ses armes contre moi qui ne m'y attendais pas, et il dissipe ainsi tous nos projets de paix.

Charles Miltitz s'arrête : on dispute; des juges sont choisis, mais ils ne décident rien. Cela ne m'étonne pas; car Eck, par ses mensonges, ses feintes, ses intrigues, avait si bien troublé, exaspéré tous les esprits que, de quelque côté qu'ait tourné la sentence des juges, il n'en eût résulté qu'un plus grand incendie. C'est qu'il ne cherchait que sa gloire, et non la vérité. Pour moi, j'ai fait tout ce qui m'était possible. J'avoue qu'en cette occasion bien des ignominies romaines sont venues à la lumière. S'il y a quelque péché à cela, la responsabilité retombe sur Eck, qui, en acceptant un fardeau au-dessus de ses forces et ne cherchant que follement sa gloire, les a révélées au monde entier.

Voilà, ô Léon! votre véritable ennemi, ou mieux encore, l'ennemi de la cour romaine. Apprenons, par cet exemple, qu'un flatteur est plus dangereux encore qu'un adversaire. N'a-t-il pas causé par ses adulations plus de maux que n'en sauraient faire les rois les plus puissants! Aujourd'hui le nom de la curie romaine est en mauvaise odeur dans l'univers entier ; l'autorité du pape est atteinte, l'ignorance romaine est décriée. Tout cela ne serait pas arrivé si Eck n'était pas venu troubler les projets de paix que Miltitz et moi avions arrêtés. Il le sent maintenant, mais trop tardivement, et c'est en vain qu'il s'indigne de la publication de mes livres. Il devait y penser, alors que follement il hennissait après la gloire et ne cherchait que son intérêt en mettant en péril votre honneur. Cet homme vain espérait, en m'effrayant de votre nom, me faire céder et me réduire au silence (car je ne crois ni à son génie ni à sa science présomptueuse). Maintenant qu'il me voit plus confiant et plus libre que jamais, il peut se repentir de sa témérité et comprendre aussi qu'il en est Un dans le ciel qui résiste aux orgueilleux et humilie les superbes.

Comme l'unique résultat de cette dispute a été de jeter sur Rome une plus grande confusion, Charles de Miltitz est venu trouver les Pères de mon ordre assemblés en chapitre ; il leur a demandé conseil pour arranger cette affaire si troublée et devenue si périlleuse. Comme il n'y a plus d'espoir (avec l'aide de Dieu) de rien obtenir de moi par la violence, ceux-ci m'ont dépêché quelques-uns de leurs membres les plus illustres pour me demander d'exprimer ma vénération pour votre personne, d'établir dans une humble lettre mon innocence et la vôtre. Ils pensent que l'affaire n'est point entièrement désespérée, si Léon X, dans sa bonté innée, veut bien la prendre en main. Moi qui ai toujours offert et désiré la paix pour me livrer à des études plus douces et plus utiles, qui ne me suis jeté dans ce tumulte d'esprit que dans l'espérance de réduire au silence des adversaires trop inégaux, par la grandeur, la vivacité de mes paroles et l'effort de mon esprit, j'ai cédé à leur désir, heureux et plein de gratitude, et j'ai reçu cet ordre comme un bienfait. Puisse-t-il ne pas tromper notre espérance !

Je viens donc à vous, ô Saint-père, et, prosterné à vos pieds, je vous prie, si c'est possible, de mettre un frein à ces flatteurs ennemis de la paix, qui simulent des sentiments qu'ils n'ont pas. Personne, à moins de vouloir aggraver cette affaire, ne peut exiger de moi une simple rétractation. Je ne puis non plus permettre qu'on impose une manière d'interpréter la Parole de Dieu ; car il faut que la Parole, cette source de toutes les libertés, soit libre elle-même.

Ces deux choses exceptées, il n'est rien que je ne sois disposé à faire et à souffrir. Je hais les contentions ; je ne provoquerai personne ; mais, à mon tour, je ne veux pas être provoqué. Si l'on m'excite, Christ est mon maître et je ne serai pas sans voix. D'un seul mot votre Sainteté peut appeler à elle cette affaire, exiger des deux partis le silence et la paix, et faire cesser toute la dispute. C'est ce mot que j'ai toujours désiré entendre de vous.

O Léon, mon Père, n'écoutez donc pas ces sirènes qui vous disent que vous n'êtes pas un homme, mais quelque chose de semblable à un Dieu, et qui prétendent que vous pouvez tout ordonner et tout exiger. Non ; vous êtes le serviteur des serviteurs, et de plus assis sur un siége des plus misérables et des plus dangereux. Ne vous laissez pas tromper par ceux qui font de vous le maître du monde, qui refusent le nom de chrétien à tout ce qui ne plie pas sous votre autorité, qui étendent votre puissance sur le ciel, le purgatoire et l'enfer. Ce sont vos ennemis qui disent cela pour perdre votre âme, selon ces paroles d'Ésaïe : « Mon peuple, ceux qui te disent bienheureux, te trompent. » Ils errent, ceux qui vous élèvent au-dessus des conciles et de l'Église universelle. Ils errent, ceux qui vous attribuent, à vous seul, le droit d'interpréter les Écritures. Tous ces hommes ne cherchent au fond qu'à établir, sous l'autorité de votre nom, leurs impiétés dans l'Église. Hélas, Satan, grâce à eux, n'a eu que trop de succès sous vos prédécesseurs.

Ne croyez donc pas ceux qui vous exaltent ; croyez ceux qui vous humilient. Voici le jugement de Dieu : « Il arrache les puissants de leur siége, et il élève les humbles. » Voyez quel abîme entre le Christ et ses successeurs, quoiqu'ils aient tous la prétention d'être ses vicaires. Vicaires ? hélas, ils ne le sont que trop, si l'on appelle de ce nom celui qui règne en l'absence du prince. Oui, ce pontife qui règne en l'Église, et du cœur duquel Jésus-Christ est absent, est bien son vicaire ! Qu'est-ce que ce vicaire, sinon une idole et l'Antéchrist lui-même ? Les apôtres, plus sagement, ne s'appelaient pas les vicaires d'un absent, mais les serviteurs de Jésus-Christ présent.

C'est sans doute une témérité de ma part de paraître enseigner celui qui enseigne tous les autres, et de qui, à ce qu'assurent vos pestes de flatteurs, les rois et les trônes reçoivent instruction. Comme saint Bernard dans sa lettre au pape Eugène, lettre dont tous les pontifes devraient avoir connaissance, je parle non pour faire le docteur, mais pour accomplir ce devoir de fidèle sollicitude qui nous pousse tous à prendre souci des intérêts de notre prochain, qui nous fait passer sur les raisons de dignité ou d'indignité pour ne rien voir en lui que le péril où il se trouve et l'avantage que nous pouvons lui procurer. Comme je sais que votre Sainteté est à Rome au milieu de périls infinis, et comme battue par les vagues de la mer, souffrant dans une condition si misérable qu'elle a besoin de l'assistance du moindre de ses frères, j'ai cru que je pouvais, sans folie, oublier un instant votre majesté pour accomplir envers vous ce devoir de charité. Je ne sais pas flatter dans une affaire si sérieuse et si grave ; et si je ne vous apparais pas ici comme un ami et comme un homme qui vous est plus que dévoué ; il en est Un autre qui comprendra et qui jugera.

Enfin, pour ne pas paraître les mains vides devant votre Sainteté, je vous apporte et vous dédie ce petit traité comme un gage de paix et de bon espoir. Vous y verrez à quelles études j'aimerais et pourrais me livrer, si ces méchants qui vous flattent m'en eussent laissé le loisir. C'est peu de chose si l'on regarde au volume, mais c'est beaucoup si l'on regarde au contenu ; car, si je ne me trompe, le sommaire de la vie chrétienne y est renfermé. Dans ma pauvreté je n'ai rien d'autre à vous offrir ; d'ailleurs vous n'avez besoin de rien, si ce n'est de dons spirituels. Je recommande ce livre et moi-même à votre Sainteté. Que le Seigneur Jésus-Christ la garde éternellement. Amen.

Wittemberg, le 6 du mois de septembre M. D. X X.

LA
LIBERTÉ CHRÉTIENNE

———

Les hommes qui n'ont aucune expérience de la foi chrétienne et qui n'en ont jamais senti la puissance, en font une chose bien extérieure. Ils la rangent au nombre des vertus ordinaires. Comment en parler convenablement, comment comprendre même ceux qui en ont parlé, si dans l'étreinte de l'épreuve et des tribulations, on n'a pas éprouvé ce qu'elle vaut? Quiconque, au contraire, en a goûté la vertu, ne saurait se lasser d'en parler, d'en écrire, d'y penser sans cesse. Elle est cette source d'eau vive dont parle Jésus-Christ, qui jaillit jusqu'à la vie éternelle.

Je connais trop bien la pauvreté de ma foi pour

m'en glorifier jamais ; néanmoins, aux prises avec
des tentations aussi grandes que variées, j'espère
avoir puisé assez aux sources vivantes pour pouvoir en parler, non avec plus d'élégance, mais
d'une manière plus solide peut-être que ne l'ont
fait jusqu'ici tant de discoureurs superficiels qui
n'ont pas même compris les choses dont ils dis-
sertent. Afin d'en faciliter l'accès aux hommes
d'un esprit simple, auxquels seuls je m'adresse ici,
je poserai tout d'abord les deux propositions suivantes touchant la liberté et la servitude spirituelles :

Le chrétien est un homme libre, maître de toutes
choses ; il n'est soumis à personne.

Le chrétien est un serviteur plein d'obéissance,
il se soumet à tous.

Ces deux propositions contradictoires de liberté
et d'assujettissement sont de saint Paul lui-même,
qui s'exprime en ces termes : « Bien que je sois libre
à l'égard de tous, je me suis assujetti à tous [1]. Ne
devez rien à personne, si ce n'est de vous aimer. »
— L'amour, en effet, ne cherche qu'à servir et à
se soumettre à l'objet aimé. C'est ainsi que Jésus-
Christ, bien qu'étant Seigneur et maître de toutes

1. I Cor., IX ; Rom., XIII.

les créatures, est né d'une femme et s'est placé sous la loi, ensemble libre et esclave, en forme de Dieu et en forme de serviteur. Rappelons-nous ici la double nature de l'homme : Par son âme il est spirituel; il est l'homme intérieur, la créature nouvelle. Par son corps il est charnel; il est l'homme extérieur, la créature ancienne.

« Si l'homme extérieur se détruit, dit saint Paul[1], l'homme intérieur se renouvelle de jour en jour ». C'est à cause de cette double nature que l'Écriture parle contradictoirement de lui, comme si deux hommes divers se combattaient dans la même personne. « La chair a des désirs contraires à ceux de l'esprit, et l'esprit en a de contraires à ceux de la chair »[2].

Parlons d'abord de l'homme intérieur; voyons de quelle manière le chrétien devient spirituel, juste et libre. Il est évident que les choses extérieures ne sauraient créer en lui la justice et la liberté, pas plus qu'elles n'ont la puissance de le rendre injuste ou esclave. Que gagne l'âme, en effet, à ce que le corps soit libre et dispos, à ce qu'il mange et qu'il boive, à ce qu'il assouvisse

1. II Cor., IV.

2. Gal., V.

tous ses désirs ? Les impies, qui jouissent de ces choses, ne sont-ils pas les esclaves de toutes leurs passions ? Que perd-elle, au contraire, à ce que le corps soit esclave, à ce qu'il souffre de la soif ou de la faim, à ce qu'il endure toutes les privations ? Les justes ne souffrent-ils pas toutes ces misères ? Et pourtant, dans leur conscience, ils se sentent les plus libres des hommes. Ni la liberté, ni la servitude de l'âme ne dépendent donc de ces choses sensibles.

Se revêtir d'habits sacrés, à la façon des prêtres, vivre dans les temples, se mêler aux saintes cérémonies, prier, jeûner, s'abstenir de certains mets : toutes ces œuvres en un mot dont le corps est capable n'ont aucune vertu, puisque les méchants les accomplissent et que les hypocrites les imitent. Il faut autre chose pour rendre une âme libre et sainte.

Qu'importe, par contre, que vous soyez revêtus d'habits profanes, qu'on vous voie en des lieux non consacrés, que vous mangiez et buviez, que vos lèvres ne prononcent point de prières, que vous laissiez toutes ces œuvres que font si bien les hypocrites ? Ce n'est pas de cela que souffre l'âme.

Je dirai plus encore : l'étude, la méditation, toutes les spéculations de l'esprit, n'ont pas plus de vertu. L'âme ne trouve sa vie, sa liberté et sa justice, que dans la sainte Parole de Dieu, dans l'Évangile de Christ.

« Je suis la résurrection et la vie; celui qui croit en moi ne mourra point. » — « Si le Fils vous affranchit, vous serez vraiment libres [1]. » — « L'homme ne vit pas de pain seulement, mais de touteparole qui sort de la bouche de Dieu [2]. »

Tenons donc pour certain que l'âme peut se passer de toutes choses, excepté de la Parole de Dieu, sans laquelle tout lui est inutile. Avec cette Parole vous êtes riche, et rien ne vous manque; car elle est la vie, la vérité, la lumière, la paix, la justice, le salut, la joie, la liberté, la sagesse, la vertu, la grâce, la gloire et la félicité sans mesure. Voilà pourquoi David, dans ses Psaumes (et particulièrement dans le 119e), invoque la Parole de Dieu et soupire après elle avec tant d'ardeur.

Nous voyons dans le livre du prophète Amos que lorsque Dieu veut donner aux hommes un signe éclatant de sa colère, il leur retire sa Parole. Il la leur laisse, au contraire, quand il veut leur donner une marque de sa grâce. « Il a envoyé sa parole;

1. Jean, XI.

2. Matth., IV.

il les a guéris et les a retirés de leurs angoisses [1]. »
Christ lui-même n'est venu dans le monde que
pour lui apporter cette Parole, et c'est aussi pour
cette fin unique qu'a été institué le ministère des
apôtres, des évêques et des prêtres !

Si vous demandez : Quelle est donc, entre tant
de paroles, cette Parole de Dieu, et comment arri-
vons-nous jusqu'à elle ? l'apôtre saint Paul nous
répond dans son Épître aux Romains : « C'est l'É-
vangile de Dieu touchant son Fils qui s'est fait
chair, qui a souffert, qui est ressuscité et qui est
glorifié par la puissance de l'Esprit [2]. » C'est la
justification, la délivrance et le salut de l'âme qui
croit à cette prédication. — « Si tu confesses de ta
bouche que Jésus est le Seigneur, et si tu crois du
cœur que Dieu l'a ressuscité des morts, tu seras
sauvé [3]. » — « Christ est la fin de la loi pour justifier tous ceux qui croient [4]. » — « Le juste vivra de
sa foi. » Si l'âme ne parvient à la vie et à la justice
que par la Parole de Dieu, il est clair qu'elle ne
saurait être justifiée que par la foi seule et non par

1. Amos, VIII.

2. Rom., I.

3. Rom., II.

4. Rom., III.

les œuvres. Si une œuvre pouvait la rendre juste devant Dieu, à quoi servirait donc sa Parole !

Bien plus : La foi ne souffre pas le concours des œuvres. Qui présume être justifié en même temps par la foi et par les œuvres, cloche des deux pieds, comme les adorateurs de Baal. Du jour, au contraire, où tu commences à croire, tu reconnais que tout ce qui est en toi n'est que misère et péché. « Tous ont péché, dit saint Paul, et sont privés de la gloire de Dieu [1]. — Il n'est pas un seul juste, pas un qui fasse le bien. Tous les hommes se sont détournés de Dieu et sont tombés dans la vanité. » Tu comprends alors que Christ t'est nécessaire, que c'est en croyant à celui qui a souffert et qui est ressuscité pour toi, que tu deviens un homme nouveau, que tous tes péchés te sont remis et que c'est par ses seuls mérites que tu es justifié devant Dieu.

Puisque cette foi, qui seule justifie, ne peut naître que dans les profondeurs de l'âme, il est manifeste que les œuvres extérieures, quelles qu'elles soient, n'ont pas la puissance d'affranchir et de sauver, car elles ne pénètrent pas dans le centre de la vie. Ce n'est point non plus le péché

1. Rom., III.

extérieur, l'action visible, qui rend l'âme coupable, l'asservit et la condamne, mais bien l'impiété et l'incrédulité du cœur. Que les chrétiens, renonçant à s'appuyer sur des œuvres sans efficacité, s'appliquent avant tout à croître dans la foi, et, par elle, dans la connaissance non de leurs mérites, mais de Jésus-Christ, qui a souffert et qui est ressuscité pour eux ! Les Juifs demandent un jour à Notre-Seigneur Jésus-Christ : Que ferons-nous pour accomplir les œuvres de Dieu [1] ? Celui-ci leur répond : C'est ici l'œuvre de Dieu que vous croyiez à celui qu'il a envoyé.

La foi en Christ est un incomparable trésor ; elle porte avec soi la délivrance, elle sauve de tous les maux. « Celui qui croira et sera baptisé, sera sauvé, mais celui qui ne croira point, sera condamné [2]. » Ésaïe en a eu la prophétique intuition quand il s'écriait :

« Dieu enverra sur la terre sa parole qui est un feu consumant, et cette parole remplira la terre de justice [3]. » En effet, la foi qui est la plénitude et l'accomplissement de la loi, remplit le cœur des

1. Jean, VI.

2. Marc, XVI.

3. Ésaïe, X.

croyants d'une telle justice que ceux-ci n'ont plus besoin d'aucune autre chose.

« C'est du cœur que l'on croit, dit saint Paul, pour arriver à la justice [1]. »

Si c'est la seule foi qui sauve, qui justifie, qui donne une telle abondance de biens, pourquoi, dira-t-on, l'Écriture-Sainte nous prescrit-elle un si grand nombre d'œuvres, de cérémonies et de lois?

Je réponds : il faut distinguer deux choses dans l'Écriture : les préceptes et les promesses. Les préceptes enseignent ce qui est bien; mais qu'il y a loin du commandement à l'obéissance! Ils prescrivent les choses qu'il faut faire; mais ils n'en donnent pas le pouvoir. Ils révèlent l'homme à lui-même, et, en le persuadant de son impuissance pour le bien, ils l'amènent à désespérer de ses forces. Les préceptes appartiennent à l'Ancien Testament.

C'est ainsi que le commandement qui nous dit : « Tu ne convoiteras point, » nous convainc tous de péché, puisque personne, quelle que soit la grandeur de l'effort, n'échappe à la convoitise. Cette impuissance à obéir à la loi de Dieu, nous pousse à désespérer de nous et à chercher en un

____

[1]. Rom., X.

autre un secours que nous ne trouvons pas en nous-
mêmes. « Dans ta ruine, ô Israël! moi seul, je
puis t'assister [1]. »

Il en est de même de tous les autres commandements : nous ne saurions vraiment en accomplir aucun. Quand un homme, par la hauteur
même des préceptes, se rend compte de son impuissance, et qu'il cherche avec anxiété le moyen
de satisfaire à cette loi qui le condamne et dont
pas un iota ne saurait être effacé, sa bassesse et
son néant se révèlent à ses yeux, et il ne trouve
rien en lui qui puisse le justifier et le sauver.

C'est alors qu'apparaissent les promesses divines,
qui constituent le second enseignement des Écritures, et qui manifestent particulièrement la gloire
de Dieu. Ces promesses disent : Si tu veux accomplir la loi et surmonter la convoitise, crois à
Jésus-Christ, en qui te sont offertes la grâce, la
justice, la paix et la liberté. Par la foi, toutes ces
choses sont à toi; sans elle, tu demeures privé de
tout. Ce qui est impossible aux œuvres de la loi, si
nombreuses et pourtant si vaines, est facile à la foi,
car c'est à elle que le Père donne tout. Qui l'a,
possède toutes choses. « Il les a tous enfermés

1. Osée, XIII.

dans l'incrédulité, dit l'apôtre, pour avoir pitié de tous [1]. » La promesse donne donc ce que le précepte réclame, elle accomplit ce que la loi ordonne. Le précepte et son accomplissement viennent ainsi de Dieu seul, et celui qui ordonne est en même temps celui qui accomplit. Ces promesses constituent le Nouveau Testament. Toutes ces promesses de Dieu sont des paroles saintes, véridiques, justes; paroles de liberté, de paix et d'inépuisable bonté. L'âme qui s'y attache par une foi assurée, s'unit à elles, s'en pénètre, s'y absorbe et s'inonde de leur vertu. Si Jésus, en les touchant, guérissait les malades, quelles vertus l'âme ne puisera-t-elle pas dans ce contact intime avec lui, dans cette absorption de sa Parole ? Oui, c'est par la foi seule et non par les œuvres que la Parole la justifie, la sanctifie, l'affranchit, la pénètre de tous les biens, et fait d'elle un enfant de Dieu. « A ceux qui croient en son nom, dit saint Jean, il leur a donné la puissance d'être faits enfants de Dieu [2]. »

Mais d'où viennent cette puissance incomparable de la foi et cette impuissance des œuvres ? C'est qu'aucune œuvre ne saurait saisir la Parole de Dieu

1. Rom., XI.

2. Jean, I.

et pénétrer jusqu'à l'âme. Il n'y a que la Parole et la foi qui puissent avoir accès dans celle-ci. Comme le fer s'échauffe au contact du feu et devient lui-même incandescent, ainsi la Parole pénètre l'âme et la transforme à son image. La foi donc suffit à tout, et pour justifier une âme, aucune œuvre n'est nécessaire. Si l'œuvre est inutile, la loi l'est de même et l'âme est affranchie. Le juste est au-dessus de toute loi. Telle est la liberté chrétienne, liberté de la foi, qui ne nous jette ni dans l'oisiveté ni dans la vie mauvaise, mais qui, pour nous donner la justice et le salut, n'a besoin ni des œuvres ni de la loi.

Considérons maintenant une autre vertu de la foi : Croire à un homme c'est lui accorder une estime singulière, c'est faire un très-grand éloge de sa personne, car c'est reconnaître qu'en toutes choses cet homme est vrai, juste et digne de confiance. Ne pas croire à un homme, au contraire, c'est douter de sa véracité, c'est lui faire injure, c'est l'accuser de mensonge.

Ainsi l'âme, en se confiant fermement aux promesses de Dieu, croit à sa justice et lui rend, par cela même, un suprême honneur. Croire à sa justice, à sa vérité; n'est-ce pas adorer ? L'âme fidèle se soumet à toutes les volontés de Dieu, elle sanctifie son nom, elle se laisse entièrement diriger par lui, elle acquiesce à tout; elle sait qu'il dispose d'elle, et qu'il fera concourir toutes choses à son bonheur. N'est-ce pas la plénitude de l'obéissance? et quand celle-ci est si parfaite, le précepte est-il nécessaire? Ce ne sont donc pas les œuvres, c'est la foi seule qui crée l'obéissance.

Y a-t-il par contre impiété plus réelle, mépris de Dieu plus grand que de ne pas croire à ses promesses? N'est-ce pas douter de lui, le faire auteur de la vanité et du mensonge, tout en s'attribuant à soi-même la vérité? N'est-ce pas à la fois nier sa justice et s'ériger soi-même en idole? Dans une pareille impiété à quoi serviraient donc les œuvres mêmes les plus angéliques? L'apôtre saint Paul dit que Dieu a enfermé les hommes non dans la colère ou les convoitises, mais dans l'incrédulité, afin que nul ne puisse avoir la présomption que des vertus humaines quelconques, que des œuvres de chasteté ou de mansuétude puissent accomplir la loi et donner le salut. Tout enlacé dans le péché d'incrédulité, l'homme n'a d'autre alternative que de recourir à la miséricorde de Dieu ou d'être condamné par sa justice.

Quand l'âme croyante rend à Dieu l'honneur qui lui appartient en lui attribuant toute justice et toute vérité, Dieu l'honore à son tour en imputant à sa foi cette même justice. « Je glorifierai celui qui m'honore, je couvrirai de honte ceux qui me méprisent [1]. » La foi d'Abraham lui fut imputée à justice, parce que par elle il rendit pleinement gloire à Dieu. Si donc nous croyons, notre foi aussi nous sera imputée à justice.

La foi possède une autre grâce incomparable : elle unit l'âme à Christ comme une épouse à son époux. Par ce mystère, dit l'apôtre, Christ et l'âme deviennent une seule chair : union divine, de toutes la plus parfaite, et dont le mariage terrestre n'est qu'une faible image. Ici bien et mal, tout est commun. Ce qui appartient à Christ, l'âme fidèle le possède et s'en glorifie. Ce qui appartient à l'âme, Christ le prend à lui et le fait sien.

Admirable échange ! Christ est une plénitude de grâce, de vie et de salut ; l'âme, au contraire, n'a en partage que le péché, la mort et la condamnation. Mais, par ce mystère de la foi, Christ prend à lui péché, mort et châtiment ; l'âme, par contre, reçoit la grâce, la vie, la félicité. Qui se donne, ne donne-t-il pas en même temps tout ce qu'il possède ; ainsi l'époux accepte tout ce qui appartient à

—

1. I Rois, V.

l'épouse, et celle-ci, en recevant son époux, reçoit tout ce qui est à lui.

L'âme croyante, ô doux spectacle ! n'entre pas seulement dans la communion de la vie de son Christ, mais encore dans celle de ses combats, de sa victoire et de son œuvre de rédemption. Christ, Dieu et homme tout à la fois, est au-dessus du péché, de la mort et de la damnation. Sa justice, sa vie, sa félicité, sont invincibles, éternelles. En acceptant dans les saintes fiançailles de la foi les péchés, la mort, la condamnation de l'âme devenue son épouse, il fait siennes toutes ses misères, il se substitue à elle, il combat, il meurt, il descend aux enfers. Ni le péché, ni la mort, ni l'enfer ne peuvent l'accabler. C'est lui, au contraire, qui terrasse ces puissances mortelles et les anéantit, car sa justice est plus haute que tous les péchés du monde, sa vie est plus puissante que la mort, et l'enfer est vaincu par sa sainteté.

Ainsi l'âme fidèle, attachée à son divin époux par le lien indestructible de sa foi, est affranchie de ses péchés, délivrée de la mort, garantie contre l'enfer. Christ la revêt de sa justice éternelle, de sa vie ; il fait d'elle une épouse glorieuse, sans tache ni rides ; il la lave dans l'eau pure de sa parole, il l'épouse (comme dit Osée [1]); en justice, en jugements, en bonté et en compassions.

Comment se faire une idée assez haute de ces divines épousailles ? Christ, l'époux céleste, s'unit à l'épouse indigente, à la créature souillée ; il la relève de sa misère, il la pare de ses biens. Comment ses péchés la perdraient-ils, puisque c'est sur lui qu'ils reposent maintenant et qu'ils s'évanouissent en lui ? Elle possède la justice de son époux, elle oppose avec confiance cette justice à la mort et à l'enfer.

Je suis coupable, s'écrie-t-elle, mais Christ est juste et c'est à lui que j'appartiens. (Mon bien-aimé est à moi et je suis à lui [2].) Grâces à Dieu, dit saint Paul, qui nous a donné la victoire par Notre-Seigneur Jésus-Christ. L'apôtre parle d'une victoire sur le péché et la mort ; car, dit-il, le péché est l'aiguillon de la mort, et la loi est la puissance du péché.

Vous comprenez maintenant que la foi possède cette vertu si grande d'accomplir la loi et de justifier sans les œuvres l'âme pécheresse. Prenons, par exemple, le premier commandement qui nous

1. Osée, II.

2. Cantique.

dit : Tu honoreras le Seigneur ton Dieu. Quand votre vie ne serait qu'une suite non interrompue de bonnes œuvres, vous n'en seriez, par elles, ni plus justes ni plus pieux, ni plus obéissants à ce commandement suprême, puisque Dieu ne peut être réellement honoré que par une âme qui confesse sa vérité et sa miséricorde.

Ce n'est point en agissant beaucoup, mais en croyant en lui que nous glorifions Dieu. La foi est donc l'unique justice du chrétien et l'accomplissement des préceptes.

Or, celui qui peut accomplir ce premier et suprême commandement accomplira tous les autres.

Les œuvres, alors même qu'elles iraient à la gloire de Dieu, n'ont par elles-mêmes aucun caractère et ne sauraient nullement le glorifier. Derrière elles il faut toujours chercher le principe qui les fait surgir, la volonté qui les accomplit et qui glorifie Dieu. Ce principe est uniquement la foi du cœur, source, essence de toute notre justice. C'est donc une aveugle et dangereuse doctrine, celle qui enseigne que les œuvres accomplissent les commandements divins, puisqu'il faut qu'une obéissance intérieure les précède.

Recherchons maintenant la grâce que Jésus apporte à l'âme fidèle : Dans l'ancienne alliance, Dieu

se réservait tout mâle premier-né ; il l'élevait au-
dessus des autres par la double dignité de la royauté
et du sacerdoce. Ce premier-né était roi et prêtre
entre tous ses frères.

Cette institution préfigure Jésus-Christ, fils
unique de Dieu le Père, premier-né de la Vierge
Marie, prêtre et roi, mais non selon la chair, car
son règne n'est pas de ce monde. Il est le roi des
choses spirituelles et célestes, roi de justice, de
vérité, de sagesse, de paix et de salut. Sans doute
la terre et l'enfer lui sont aussi soumis, car comment pourrait-il autrement nous défendre contre
leur puissance et nous sauver ? mais sa royauté est
d'un tout autre ordre.

Son sacerdoce ne consiste pas non plus dans
l'éclat extérieur et la pompe des cérémonies, comme
jadis celui d'Aaron et aujourd'hui le nôtre. Il est
tout spirituel. Christ accomplit dans le ciel son
saint office de prêtre en intercédant et en se don-
nant sans cesse pour nous. C'est lui que saint Paul
décrit sous la figure de Melchisédech. En outre, il
nous parle et nous enseigne intérieurement par les
vivantes doctrines de l'Esprit. Cette double fonc-
tion de son divin sacerdoce est figurée dans les
prières de nos prêtres et dans les enseignements
que nous recevons d'eux.

Cette double dignité que Christ possède par droit de primogéniture, il la communique à l'âme fidèle, car l'époux donne tout à son épouse.

Nous qui croyons en Christ, nous sommes sacrificateurs et rois. « Vous êtes, dit saint Pierre, la race élue, le peuple choisi, la sacrificature royale, afin que vous proclamiez les vertus de Celui qui vous a appelés des ténèbres à sa merveilleuse lumière [1]. » Admirable don! Par cela même qu'il appartient au règne de Christ, le chrétien s'élève au-dessus de tout; sa puissance spirituelle le fait maître et seigneur de toutes choses; rien ne saurait lui nuire; le monde entier lui est soumis et contribue à son salut. « Toutes choses, dit saint Paul, concourent au bien des élus. Toutes choses sont à vous, la mort, la vie, les choses présentes, les choses futures; et vous êtes à Christ [2]. »

Cette royauté chrétienne n'est pas une puissance terrestre. Le chrétien n'est pas destiné à posséder et à s'assujettir les choses d'ici-bas, ainsi que l'ont fait quelques prêtres insensés; non, la terre appartient aux princes, aux rois, aux puissants. Quant à nous, nous serons toujours assujettis aux volontés

1. I Pierre, II.

2. Rom., VIII, I Cor., III.

des autres, exposés à toutes sortes de maux, et
même à la mort. Plus nous serons de vrais chrétiens, plus aussi nos souffrances seront grandes et
variées; témoins Jésus-Christ, notre chef, et tous
les saints, ses frères, qui ont eu part à la communion de son agonie et de sa mort.

La puissance chrétienne est d'ordre spirituel, elle
s'exerce au sein des inimitiés, elle brille dans
l'oppression; elle est la vertu de Dieu qui s'accomplit dans l'infirmité. C'est une haute et insigne
dignité, c'est une royauté spirituelle, c'est une
puissance qu'aucune autre n'égale, puisque la croix
et la mort même servent à mon salut et qu'il n'y a
nulle chose bonne ou mauvaise au monde qui ne
concoure à ma félicité. A la vérité, ni le bien ni le
mal ne sont indispensables, puisque la foi seule
suffit à me sauver, mais c'est par l'un et l'autre que
ma vertu est excercée. Telle est l'inestimable puissance, telle est la liberté du chrétien.

Rois, nous sommes aussi prêtres pour l'éternité.
La dignité sacerdotale dont nous sommes revêtus,
dignité plus excellente que la royauté elle-même,
nous donne le droit de nous présenter devant Dieu,
d'intercéder pour nos frères, de les instruire,
d'exercer, en un mot, notre charge sacerdotale, de
laquelle tout incrédule est exclu. Par la foi, nous

sommes les frères et les héritiers de Jésus-Christ;
avec lui nous régnons, avec lui nous sommes sacrificateurs; avec lui nous approchons de Dieu,
et dans l'assurance de l'Esprit nous lui disons :
« Père, » Nous prions les uns pour les autres, nous
accomplissons tout ce que le prêtre fait dans son
office visible et terrestre. Pour l'incrédule, au contraire, toutes ces choses-là sont vaines; c'est un
esclave au malheur duquel tout concourt, car il
cherche son propre avantage et non la gloire de
Dieu. Celui qui ne croit pas n'est pas prêtre : il
n'est qu'un profane dont la prière même se change
en péché, car Dieu n'exauce pas les impies.

Que la dignité du chrétien est grande et ineffable!
Roi, il est maître de la mort, de la vie, du péché.
Prêtre, il peut tout sur Dieu, car Dieu exauce ses
désirs et ses supplications. « Dieu fait la volonté
de ceux qui le craignent, il écoute leurs prières et
il les sauve [1]. »

Voilà comment le chrétien est un homme libre
et maître de toutes choses; et c'est par la foi seule
qu'il parvient à cette gloire. Qui pense arriver par
ses œuvres à cette liberté et à cette puissance,
perd d'un seul coup et sa foi et ses œuvres. Il en

1, Psaume CXLV,

est de lui comme du chien de la fable, qui, por-
tant une proie dans sa gueule, se laisse tromper
par l'ombre même de cette proie que l'onde lui
reflète, lâche ce qu'il tient, et voit s'évanouir en
même temps la réalité qu'il possède et l'image qui
l'a séduit.

Mais dira-t-on : si tout le monde est prêtre dans
l'église, comment distinguera-t-on le simple fidèle
de l'ecclésiastique ? Je réponds : C'est à tort et par
un abus de langage qu'on a transféré à quelques-
uns ces noms de prêtre, de religieux, qui appartiennent à tous. La Sainte Écriture ne fait aucune
distinction entre les fidèles, ou plutôt ces hommes
qui se glorifient aujourd'hui de leurs titres d'é-
vêques et de seigneurs, elle les nomme des serviteurs, des économes chargés d'assister les autres,
de prêcher la parole, d'enseigner la foi et la liberté
chrétienne. Car s'il est vrai que nous sommes tous
également prêtres, nous ne sommes néanmoins
pas tous revêtus de la charge publique de servir et
d'enseigner. « Que chacun, dit saint Paul, nous
estime comme des ministres de Christ et des dis-
pensateurs des mystères de Dieu [1]. »

Mais cette charge de dispenser les mystères de

1. I Cor., IV.

Dieu s'est changée en une puissance, en une tyrannie effrayante qu'aucune autorité civile n'égale. On dirait presque que les laïques ont cessé d'être un peuple chrétien. Par elle s'est perdue la connaissance de la grâce, de la foi, de la liberté; Christ lui-même est presque oublié, et à sa place il n'y a plus qu'une intolérable servitude d'œuvres et de lois humaines. Nous sommes devenus, comme le dit Jérémie dans ses Lamentations, les esclaves des hommes les plus vils, qui mettent notre misère au service de leurs turpitudes et de leur volonté dépravée.

Après ce que nous avons dit, il doit maintenant apparaître clairement à tous qu'il ne suffit pas de donner au peuple une connaissance purement historique des œuvres et des paroles de Christ, de représenter sa vie uniquement comme un modèle destiné à former la nôtre. Voilà pourtant ce qu'enseignent nos plus excellents prédicateurs d'aujourd'hui; d'autres ne prêchent que des commandements d'hommes et les décisions des pères; d'autres enfin ne parlent de Christ que pour nous attendrir sur son sort, exciter notre indignation contre les Juifs, et jeter dans nos âmes des sentiments aussi vains que puérils.

Christ, pourtant, doit être prêché à cette unique

fin que nous croyions en lui, qu'il soit en nous
et qu'il fasse en nous son œuvre de délivrance.
C'est en enseignant pourquoi il est venu dans le
monde, quelle est la grâce qu'il nous apporte et
par quels moyens nous arrivons à jouir de cette
grâce, que la foi naît dans les cœurs et se perpétue.
Il faut prêcher avant tout que par lui nous sommes
libres, rois et sacrificateurs, maîtres de toutes choses,
que par lui seul aussi, nous sommes agréables
à Dieu dans tout ce que nous pouvons faire.

Comment l'âme qui entend de telles choses ne
tressaillerait-elle pas en elle-même? Comment une
grâce si parfaite n'enflammerait-elle pas son amour
pour Jésus-Christ? Y a-t-il une loi, y a-t-il une
œuvre pour produire un tel amour? Qui pourrait
désormais lui nuire ou l'effrayer? Que l'angoisse
du péché l'assaille, que l'horreur de la mort se
présente à sa vue! elle ne craint rien, elle n'est
point ébranlée, elle verra s'évanouir tous ses ennemis; car tout son espoir est en Christ; elle sait
que sa justice est la sienne propre, que ses péchés
sont devenus les siens, et qu'en lui, ils sont
vaincus, absorbés; elle se rit de la mort et du péché;
elle s'écrie avec saint Paul : « O sépulcre, où est
ta victoire? ô mort, où est ton aiguillon? Or l'aiguillon de la mort c'est le péché; la puissance du

péché c'est la loi. Mais grâce à Dieu, qui nous a donné la victoire par Notre-Seigneur Jésus-Christ [1].» Cette victoire de Christ est en même temps la nôtre. C'est nous qui la remportons avec lui par notre foi.

Voilà tout ce que nous avions à dire de l'homme intérieur, de sa liberté, de sa justice. La foi qui le justifie n'a nul besoin des œuvres. Celles-ci même deviennent inutiles à quiconque présume se sauver par elles.

Parlons maintenant de l'homme extérieur. A ceux qui s'offenseraient de ce qu'on vient de lire et qui diraient : Si la foi a une telle puissance, si seule elle constitue notre justice, pourquoi alors nous oblige-t-on encore à de bonnes œuvres ? reposons-nous sur elle et cessons d'agir ! Je répondrai : Non, ce langage est impie. Ah ! si nous étions entièrement spirituels et parvenus à la perfection ! Mais, aussi longtemps que nous sommes dans cette chair, nous ne faisons qu'ébaucher ce que la vie future accomplira.

Nous n'avons ici-bas, dit l'Apôtre, que les prémices de l'Esprit, dont la plénitude appartient à la

1. I Cor., XV.

vie à venir ; c'est pour cela que le chrétien est un serviteur et qu'il se soumet à tout. Pour autant qu'il est libre, il n'a point d'œuvre à accomplir ; pour autant qu'il est esclave, il est lié aux œuvres.

Certes, l'homme intérieur est pleinement justifié par la foi ; et il n'a d'autre souci que de grandir jusqu'à la vie éternelle le trésor qu'il possède. Mais il est ici au sein d'un monde mortel ; dans ce monde il porte un corps qu'il doit gouverner, et il faut qu'il vive au milieu d'autres hommes. Ce corps, il faut le discipliner par les jeûnes, les veilles, les travaux appropriés, le soumettre à la puissance de l'Esprit, le rendre conforme à l'homme intérieur, le contraindre ; car, de sa nature, il est rebelle. L'homme intérieur se plie à la volonté de Dieu, dont il est l'image, il a sa joie en Christ, il se délecte de ces biens célestes, et son bonheur est de servir Dieu dans un amour entièrement libre. Mais en même temps il trouve dans sa propre chair une volonté hostile qui aime le monde et ne voudrait servir que lui. L'esprit ne peut tolérer cette volonté misérable ; il s'applique à la soumettre et à la réduire. « Je prends plaisir à la loi de Dieu selon l'homme intérieur ; mais je vois une autre loi dans mes membres, qui combat contre la loi de

l'esprit et qui me rend captif sous la loi du péché [1]. »
« — Je traite durement mon corps et le réduis en
servitude, de peur qu'après avoir prêché aux autres
je ne sois moi-même réprouvé. — Ceux qui sont
à Christ ont crucifié la chair avec ses convoitises [2]. »

Si nous faisons des œuvres, ce n'est certes pas
avec la pensée que les œuvres nous justifient devant
Dieu, puisqu'il n'y a pas d'autre justice que celle
de la foi. Nous n'avons, en les accomplissant,
d'autre but que de soumettre le corps et de le puri-
fier de ses convoitises mauvaises. L'âme sanctifiée
par la foi et pleine de l'amour de Dieu veut aussi
sanctifier son corps et amener tout ce qui lui
appartient à bénir et à aimer Dieu. Loin de rester
oisive, elle agit, elle accomplit dans cette intention
toutes sortes de bonnes œuvres, mais l'amour de
Dieu est l'unique mobile de son activité : elle fait
tout pour lui plaire et pour le servir.

Chacun peut apprendre par là dans quelle mesure il doit s'adonner aux jeûnes et aux veilles. Ces
œuvres sont nécessaires dans la limite où elles
servent à éteindre les mauvaises convoitises. Ceux
qui en attendent autre chose, s'y confient pour

1. Romains, VII.
2. Galat., V.

obtenir le salut, et espèrent que plus elles seront éclatantes, plus grande sera leur justice, n'arrivent souvent qu'à se troubler l'esprit et à ruiner vainement leur santé. C'est certes une insigne folie et une grande ignorance de la vie chrétienne que d'espérer le salut des œuvres sans la foi.

Rendons ces vérités plus saisissantes encore par quelques exemples. Nous pouvons comparer les œuvres du chrétien qui se voit justifié par l'infinie miséricorde de Dieu à celles qu'Adam et Ève accomplissaient dans le Paradis, et qu'auraient accomplies tous leurs enfants si le péché n'était intervenu. « Dieu, dit la Genèse, plaça l'homme au jardin du Paradis pour le cultiver et le garder. » Or, Adam avait été créé juste et sans péché. Ce travail et ces soins n'étaient nullement nécessaires à son salut, mais Dieu les lui imposa pour qu'il ne fût point oisif. Il travaillait ainsi librement, non dans le but d'obtenir une justice qu'il possédait pleinement et qu'il devait transmettre à ses enfants, mais uniquement pour plaire à Dieu.

Ainsi, le croyant est un homme né de nouveau, et comme Adam il est placé dans le Paradis. Sa justice n'a besoin d'aucune œuvre, mais il s'y

____

1. Genèse, II.

adonne librement, travaille, dompte les passions de son corps, ne recherchant autre chose que la bonne volonté de Dieu. Il s'efforce, en un mot, d'arriver à cette foi parfaite, à cet amour pur qu'il n'a point encore atteint, mais qui grandissent en lui à mesure qu'il s'y adonne.

Servons-nous encore d'une autre comparaison : L'évêque qui consacre un temple, qui confirme les enfants, qui exerce une charge quelconque de son ministère, ne devient point évêque par cela même qu'il s'acquitte de ces fonctions. Les œuvres qu'il opère n'auraient, au contraire, aucune valeur et ne seraient que de vaines et puériles cérémonies, s'il n'avait lui-même tout d'abord été consacré à son ministère. Ainsi, le chrétien consacré à Dieu par sa foi s'adonne aux bonnes œuvres ; mais ce ne sont point ces bonnes œuvres qui l'ont fait ce qu'il est. Celles-ci n'auraient aucune vertu, elles ne seraient qu'œuvres impies et péchés mortels, si lui-même n'était déjà un homme croyant.

Ce ne sont point les bonnes œuvres qui font l'homme bon : c'est l'homme bon qui fait les bonnes œuvres. Ce ne sont point les mauvaises œuvres qui font l'homme mauvais : c'est l'homme mauvais qui fait les œuvres mauvaises. Telle est la personne, telles sont les œuvres. Un mauvais arbre, dit Jésus-

Christ, ne porte point de bons fruits ; un bon arbre n'en donne pas de mauvais. Il est évident que ce n'est pas le fruit qui porte l'arbre ; c'est, au contraire, l'arbre qui produit le fruit.

S'il est vrai que selon la nature de l'arbre les fruits sont bons ou mauvais, selon la nature de l'homme les œuvres seront aussi bonnes ou mauvaises. Bon, ses œuvres seront bonnes ; mauvais, ses œuvres seront mauvaises.

Il en est ainsi dans tous les arts : ce n'est point l'édifice qui fait l'habile ou l'inhabile architecte ; c'est l'architecte qui, selon sa science, fait l'édifice bon ou mauvais. Tel est le maître, telle est l'œuvre. Nulle œuvre ne rend donc un homme juste ou injuste, mais l'homme juste fait le bien, et l'injuste fait le mal. C'est ainsi que la foi, en rendant l'âme fidèle, est la source d'où toutes les bonnes œuvres découlent.

Puisque les œuvres ne donnent point le salut et qu'il faut que déjà l'homme soit juste avant que de les accomplir, il est hors de doute que la foi seule, ce don pur de la miséricorde de Dieu, nous justifie et nous sauve sans qu'aucune œuvre nous soit nécessaire. Le chrétien élevé au-dessus de toute loi, dans une liberté parfaite, ne cherche dans les œuvres qu'il accomplit que la bonne volonté de

Dieu, et jamais le bonheur ni le salut que Dieu, dans sa grâce, a déjà accordé à sa foi.

Nulle bonne œuvre ne saurait donc donner le salut à l'incrédule, et ce ne sont point les œuvres mauvaises qui le perdent : c'est l'incrédulité seule qui, en corrompant le cœur de l'homme, le jette dans la voie du mal. La foi seule rend l'homme bon ; l'incrédulité seule rend l'homme méchant. Le commencement de l'iniquité, dit la Sagesse, consiste à se détourner de Dieu » [1]. « Il faut, dit saint Paul, que celui qui s'approche de Dieu, croie en lui [2]. » Ou faites l'arbre bon, ajoute Jésus-Christ, ou faites l'arbre mauvais, et ses fruits seront mauvais. Qui veut de bons fruits doit commencer à planter un bon arbre ; de même tout homme qui veut faire le bien doit croire afin de devenir bon.

Il est vrai que ce sont nos œuvres qui nous font paraître bons ou mauvais devant les hommes, et que c'est par elles que le monde nous connaît et nous juge, selon cette expression de Jésus-Christ : « Vous les connaîtrez à leurs fruits [3]. » Trompés par ces dehors et ces apparences, nos docteurs en

1. Sirach, X.

2. Hébreux, XI.

3. Matthieu, VII.

sont venus à enseigner que les bonnes œuvres justifient, et à passer la foi sous silence. Engagés dans une route où ils s'égarent, tour à tour séduits et séducteurs, aveugles qui conduisent d'autres aveugles, ils succombent sous la multitude d'œuvres qu'ils s'imposent et ne parviennent jamais à la véritable justice. C'est d'eux que parle saint Paul quand il dit : « Ils ont bien l'apparence, mais non la réalité de la piété; ils apprennent sans cesse et n'arrivent jamais à la connaissance de la vérité [1]. »

Que celui qui ne veut pas s'égarer avec ces aveugles, regarde plus loin que leurs enseignements touchant la loi et les œuvres. Qu'il rentre en lui-même jusqu'à son âme, et qu'il apprenne que seule la Parole de Dieu reçue par la foi, a la puissance de le justifier et de le sauver. Qu'il donne alors gloire à Dieu, dont la miséricorde est notre seule justice et qui sauve l'âme croyante par la Parole de sa grâce.

Il devient maintenant facile de comprendre quand une bonne œuvre est utile et quand elle est nuisible, et de porter en général un jugement sur toutes ces doctrines des œuvres. Faites avec l'intention d'acquérir la justice, dans le dessein trompeur d'obtenir le salut, elles sont mauvaises et damnables, par cela seul qu'elles s'imposent et

1. Timothée, III.

qu'elles enlèvent à l'âme sa liberté et sa foi. Cette présomption impie, cet orgueil insensé de prétendre gagner un salut que Dieu seul peut accorder, est un outrage à sa sainteté, une entreprise violente contre ses divines prérogatives.

Nous ne rejetons donc pas les bonnes œuvres, nous les enseignons, au contraire, et nous les glorifions. Ce ne sont point elles que nous repoussons, mais la pensée impie d'y chercher le salut. C'est cette pensée qui fait que sous l'apparence du bien, elles deviennent un mal et séduisent les âmes comme le loup ravissant caché sous la peau d'une brebis.

Là où la foi manque, cette opinion perverse est insurmontable, elle s'implante au cœur de ceux qui s'adonnent aux œuvres de sainteté ; et elle ne peut être expulsée que par la foi. La nature seule est impuissante à la détruire, impuissante même à reconnaître qu'elle est dangereuse ; et si la longue coutume s'y joint, si des docteurs aveugles lui donnent crédit par leurs enseignements, le mal devient incurable. Immense est le nombre de ceux qu'elle séduit et qu'elle perd. Certes, il est bon de prêcher la pénitence et la confession ; mais si l'on en reste là, si l'on n'en vient pas jusqu'à la foi, on ne donne aux hommes qu'un enseignement trompeur et diabolique. Christ ne disait pas seulement avec Jean-Baptiste : « Faites pénitence », mais il ajoutait cette Parole de la foi : « Et le règne de Dieu s'approchera de vous. »

Il faut donc prêcher aux âmes la Parole de Dieu dans sa plénitude, l'Ancien et le Nouveau Testament, la loi et la grâce : la loi pour effrayer le pécheur, lui donner la connaissance de son iniquité, l'amener à la pénitence, à l'amendement de sa vie. Mais en rester là, c'est blesser et ne point panser la blessure, c'est frapper et ne pas guérir, c'est tuer et ne pas rendre la vie, c'est conduire en enfer et n'en point retirer, c'est abaisser et ne pas relever. C'est ici que doit intervenir la prédication de la grâce et des promesses de Dieu. Sans elle, c'est vainement qu'on enseigne la loi, la contrition, la pénitence et les œuvres satisfactoires.

Il y a bien encore des prédicateurs qui prêchent et la pénitence et la grâce, mais ils ne montrent pas comment elles se rattachent, l'une à la loi et l'autre aux promesses de Dieu. Or, c'est la loi qui fait naître la pénitence, tandis que la foi et la grâce découlent de la promesse. « La foi, dit saint Paul, vient de ce qu'on entend, et ce qu'on entend vient de la Parole de Dieu [1]. » En d'autres termes, la foi

----

1. Romains, X.

aux promesses divines console et relève l'homme que la loi a abattu et humilié par ses menaces et par la connaissance qu'elle lui a donnée de ses misères. Ainsi s'explique ces paroles du Psaume : Les pleurs logent le soir et le chant de triomphe survient au matin [1]. »

Après avoir parlé des œuvres en général et de la manière dont le chrétien doit se conduire à l'égard de lui-même, il nous reste à dire quelques mots de ses rapports avec le prochain et des devoirs que ces rapports entraînent. L'homme, ici-bas, ne vit pas pour soi-même, dit l'apôtre saint Paul. « Qu'il vive ou qu'il meure, il vit et meurt au Seigneur [2]. » Entouré d'autres hommes, il a des rapports avec eux, il leur parle, il agit sur eux. Plus il les aime, plus il cherche à leur être utile. C'est ainsi que Christ a revêtu la nature humaine, pour agir comme homme au milieu des hommes [3].

Il faut se persuader tout d'abord qu'aucune de ces œuvres n'est nécessaire au salut et à la justice. En tout ce que vous faites n'ayez égard qu'au bien de votre prochain, n'ayez d'autre but que de l'aider

1. Psaume XXIX.

2. Romains, XIV.

3. Éphésiens, II.

et de le servir. L'apôtre nous recommande de travailler de nos mains pour nous nourrir sans doute, mais surtout pour venir en aide à notre prochain dans ses besoins. Il faut qu'en acquérant les choses de la vie par notre travail nous relevions l'infortuné; que le membre robuste assiste le membre faible, que pleins de sollicitude réciproque nous portions les fardeaux les uns des autres, et qu'enfants de Dieu, nous accomplissions ainsi la loi du Christ.

C'est ainsi que saint Paul, après avoir rappelé aux Philippiens que c'est par la foi seule qu'ils sont devenus riches et qu'ils ont tout obtenu, ajoute : « S'il y a quelque consolation en Christ, quelque soulagement dans la charité, quelque communion de l'Esprit, rendez ma joie parfaite, en ayant un même sentiment, une même charité, ne faisant rien par vaine gloire et par un esprit de contention, mais vous considérant par humilité comme inférieur aux autres, et ne regardant point chacun à son intérêt particulier, mais à l'intérêt des autres [1]. »

Voilà donc la règle de la vie chrétienne telle que l'apôtre l'a établie : Que toutes nos œuvres aient pour but le bien-être de notre prochain. Puisque

1. Phil., II.

par la foi nous avons en abondance tout ce qui
nous est nécessaire, le reste, c'est-à-dire l'œuvre
de la vie entière doit se répandre sur notre prochain
et être consacré à son service dans un esprit de
bienveillance toute spontanée.

Pour donner plus de force à sa recommandation,
il nous cite l'exemple de Jésus-Christ : « Ayez, dit-
il, entre vous, les mêmes sentiments qu'a eus
Jésus-Christ, lequel étant en forme de Dieu, n'a point
regardé comme une usurpation d'être égal à Dieu;
mais il s'est anéanti lui-même; ayant pris la forme
de serviteur il a été fait semblable à l'homme, et
comme tel il s'est rendu obéissant jusqu'à la mort. »
Ceux qui appliquent à la nature divine et à la nature
humaine les expressions de « forme de Dieu »,
« forme de serviteur, » ne comprennent pas le sens
de ces paroles apostoliques et obscurcissent l'enseignement salutaire qu'elles nous donnent. Saint Paul
veut dire que Christ, bien que jouissant de la plénitude divine, abondant en tous biens, n'ayant
besoin ni d'œuvres, ni de souffrances pour être
juste, possédant toutes ces choses dès le commencement, n'a pourtant point été enorgueilli par elles,
ne s'est point élevé au-dessus de nous, ne s'est
attribué aucune puissance sur nous; qu'il a vécu,
au contraire, qu'il a agi, souffert, accepté la mort

comme s'il eût été un homme semblable aux autres, comme s'il eût manqué lui-même de tout et qu'il eût été dépouillé de sa divinité! Et cela il l'a fait uniquement à cause de nous, pour nous servir, et afin que toutes les œuvres qu'il accomplissait sous cette forme de serviteur devînssent nôtres.

Le chrétien, comme son Christ, possède toutes choses; lui aussi est en forme de Dieu, et il n'a d'autre tâche que d'augmenter sa foi et de la rendre parfaite. La foi est sa vie, sa justice, son salut; la foi fait de lui une créature aimée de Dieu, qui possède toutes les grâces et accomplit les mêmes actions que son maître. « Si je vis encore dans ce corps mortel, dit saint Paul, je vis dans la foi au Fils de Dieu qui m'a aimé [1]. » Mais, comme son Christ aussi, il se dépouille de sa liberté, il devient un homme comme un autre, il revêt la forme de serviteur, il se met au service de ses frères, il fait à leur égard ce que Jésus-Christ a fait pour lui, et dans toutes ces actions il n'a rien en vue que d'être agréable à Dieu.

Dieu, se dit-il, dans sa miséricorde infinie et sans qu'il y eût nul mérite de ma part, m'a donné dans la personne de son Fils, à moi créature indigne et

______

1. Galates, II.

condamnée, toutes les richesses de sa justice, tous les trésors de sa grâce. Rien de manque à ma vie et je n'ai besoin que d'une chose, de la foi qui accepte et qui croit. Comment ne mettrais-je pas maintenant mon cœur et ma vie tout entière au service de Celui qui m'a comblé de si grands bienfaits et n'accomplirais-je pas tout ce qui peut lui être agréable ? Enrichi des dons de Christ, je serai pour mes frères ce qu'il a été pour moi ; je consacrerai ma vie à les servir, à travailler à leur bonheur et à leur salut.

Voilà comment de cette source de la foi, découlent l'amour et la joie en Dieu. L'amour engendre à son tour une âme libre, heureuse, dévouée, insouciante de la gratitude des hommes et de leur ingratitude, élevée au-dessus de la louange et du blâme, du dommage ou du gain. Elle ne connaît ni ami ni ennemi, ni obligé ni ingrat ; elle répand avec bonheur ses bienfaits, elle donne et elle se donne sans calculer. De même que Dieu le Père distribue libéralement ses dons à tous et fait lever son soleil sur les justes et sur les injustes ; ses enfants, à son exemple, travaillent, souffrent, font le bien et ne cherchent d'autre récompense que la joie de Christ qui remplit leur cœur.

Sitôt que nous reconnaissons, comme le dit

l’apôtre saint Pierre, la grandeur et le prix des choses qui nous ont été données, l’Esprit met dans nos cœurs la charité. La charité amène la joie, la liberté, la puissance, l’activité; elle nous rend victorieux du mal. Et tout en nous soumettant à nos frères, nous n’en sommes pas moins les maîtres du monde. Pour ceux, au contraire, qui méconnaissent cet inestimable bienfait, Christ est né en vain : Ils marchent dans leurs œuvres et n’arrivent jamais à connaître, à goûter un pareil bonheur.

Notre prochain souffre dans son indigence et réclame notre richesse de même que nous, souffrants devant Dieu, nous avons fait appel à sa miséricorde. Le Père céleste nous a délivrés gratuitement par son Christ; allons donc au secours de nos frères et soyons pour eux ce qu’il a été pour nous. C’est ainsi que Christ sera tout en tous, et que nous serons dignes du nom de chrétiens que nous portons.

Que la vie chrétienne est donc belle et glorieuse ! Qui peut en comprendre la beauté et la richesse ! elle possède toutes choses et ne souffre jamais d’indigence; elle est plus forte que le péché, la mort et l’enfer; mais en même temps elle est tout entière au service des autres, pleine de bonté et de sollicitude.

Hélas! combien cette vie est ignorée aujourd'hui! personne ne la prêche, nul ne la recherche, et nous savons à peine pourquoi nous portons le nom de chrétiens. Nous avons droit à ce titre non parce que nous croyons à un Christ absent, mais parce qu'il habite en nous, et, qu'identifiés à lui par la foi, nous sommes pour notre prochain ce qu'il a été pour nous et lui faisons ce qu'il nous a fait. Mais imbus de toutes ces doctrines humaines qu'on nous a enseignées, nous ne savons qu'exalter nos œuvres, nos mérites, et nous avons fait de Christ un juge plus sévère que Moïse lui-même.

Il y a dans l'histoire de la bienheureuse Vierge Marie un touchant exemple de sa foi. L'évangéliste saint Luc rapporte d'elle qu'après la naissance de son Fils, elle se présenta, selon la loi de Moïse, pour être purifiée comme toutes les autres femmes. Elle n'était pourtant point obligée à cette loi, puisqu'elle n'avait nul besoin d'être purifiée; mais elle s'y soumit volontairement par une admirable condescendance, s'abaissant ainsi au rang des autres femmes qu'elle ne voulait point mépriser. L'observance à laquelle elle se soumit ne la justifiait pas; mais juste, elle s'y soumît librement

1. Luc, II.

et par amour. C'est ainsi que nous devons accomplir nos œuvres, non pour être justifiés, puisque nous le sommes déjà, mais librement et joyeusement par amour pour nos frères.

Saint Paul a fait circoncire son disciple Timothée non qu'il crût que la circoncision donnât la justice, mais uniquement pour ne pas blesser et scandaliser les juifs faibles dans la foi, qui ne pouvaient comprendre la liberté chrétienne; mais quand ceux-ci en vinrent à combattre, à mépriser cette même liberté, prétendant que la circoncision était nécessaire au salut, il leur résista et ne permit pas que Tite fût circoncis. C'est ainsi qu'il sut à la fois faire une concession temporaire pour ne point blesser les faibles, et défendre résolûment la liberté chrétienne dès qu'elle fut attaquée par ces hommes endurcis dans le sentiment de leur propre justice, épargnant la faiblesse et résistant à la violence, afin de les amener tous à la liberté de la foi. Apprenons par cet exemple à accueillir ceux qui sont faibles dans la foi et à résister courageusement aux hommes orgueilleux qui veulent nous imposer le mérite des œuvres.

Un jour qu'on demandait aux disciples de Jésus-

1. Galates, II.

Christ de payer le didrachme, le Seigneur dit à Pierre : « Les enfants du royaume ne sont-ils pas dispensés de payer le tribut? — Oui, répondit Pierre. — Ne les scandalisons pas, reprit Jésus; va-t-en à la mer, tire le premier poisson qui se prendra et quand tu lui auras ouvert la bouche, tu trouveras un statère, prends-le et le leur donne pour moi et pour toi [1]. »

Cette action de Christ, qui, tout en nommant lui et les siens des hommes libres, des fils de rois, s'abaisse volontairement et paie l'impôt, éclaire admirablement ce sujet. Nos œuvres ne sont ni plus utiles ni plus nécessaires à notre salut que cette œuvre que Jésus accomplit n'était nécessaire à sa justice. Toutes, elles découlent d'une âme justifiée et ne se proposent que le bien du prochain. C'est dans cet esprit que saint Paul recommande aux chrétiens de se soumettre aux puissances et d'être toujours prêts pour toutes sortes de bonnes œuvres [2]. Justes par la foi, ils doivent servir et, dans un sentiment de libre charité, plier leur volonté sous la volonté des autres. Tel est aussi l'esprit qui devrait présider aux règles

1. Matth., XVII.

2. Rom., XIII et Tite, III.

des communautés, des monastères et du clergé. Chacun, en accomplissant les œuvres de sa profession, ne devrait avoir en vue que la mortification de son corps, l'exemple à donner, le désir de se soumettre à la volonté des autres, et repousser avec un infatigable zèle la vaine présomption de trouver dans ces œuvres la justice, le salut, un mérite quelconque; car c'est la foi seule qui justifie.

Celui qui possède cette connaissance pourra facilement se conduire et éviter les périls au milieu de ces préceptes innombrables, de papes, d'évêques, de communautés, d'églises, de magistrats, de rois; préceptes que certains pasteurs insensés exaltent, proclament nécessaires au salut et décorent du nom de commandements de l'Église, quoiqu'ils soient toute autre chose que cela. Il dira dans sa liberté : Je jeûnerai, je prierai, j'accomplirai ces œuvres que les hommes me commandent, non parce que je les crois nécessaires à mon salut, mais par respect pour le pape, les évêques, les communautés, les magistrats, et pour être un exemple à mon prochain. Je ferai et je souffrirai toutes choses, imitant Jésus-Christ qui pour moi a souffert et s'est soumis à la loi bien qu'il fût au-dessus d'elle. Si des tyrans exigent ces œuvres et me font violence, je les accomplirai; et pour autant qu'elles ne sont pas contre Dieu, elles ne sauraient me nuire. D'après cela, chacun maintenant peut porter un jugement certain sur les lois et les observances qu'on nous impose, et distinguer sûrement les bons pasteurs des prêtres insensés et aveugles. Toute œuvre qui n'a point pour but unique la mortification du corps et le service du prochain (pour autant qu'elle n'enfreint point la volonté de Dieu), n'est ni bonne ni chrétienne. Aussi douté-je fort que parmi toutes ces fondations, ces monastères, ces sanctuaires, ces offices ecclésiastiques, ces jeûnes et ces prières qu'on adresse à quelques saints, il y en ait beaucoup qui portent aujourd'hui un caractère vraiment chrétien. Chacun n'y cherche au fond que son avantage particulier; et tandis que dans notre ignorance de ce qu'est la foi, nous demandons à ces œuvres la délivrance du péché et le salut, notre liberté chrétienne s'évanouit.

La plupart des évêques sont si aveugles qu'ils grandissent encore cette ignorance et détruisent toute liberté en exhortant le peuple à ces pratiques, en l'y entraînant et en l'enflammant par leurs indulgences. Quant à la foi, ils se gardent de l'enseigner. Voici donc le conseil que je donne : si quelqu'un prie, jeûne, institue une fondation, qu'il le fasse, mais sans avoir la pensée d'y trouver ni avantage matériel ni bien éternel quelconque. Agir autrement, c'est anéantir la foi, qui seule nous donne toutes choses. Nos œuvres, nos souffrances ne doivent avoir d'autre but que de la maintenir et de la perfectionner. Donnez librement et joyeusement tout ce que vous avez à donner, afin que les autres se réjouissent de votre bonté et soient comblés de votre charité. C'est ainsi que vous agirez en vrais chrétiens. Qu'as-tu besoin de biens et d'œuvres surabondantes, puisque tout abonde en toi par la foi, et que Dieu t'a tout donné en elle ?

Voici la règle de la vie chrétienne : Il faut que tous les biens que Dieu nous donne découlent de l'un à l'autre et soient communs à tous. Il faut que chacun se donne à son prochain et agisse à son égard, comme s'il était un autre lui-même. Christ s'est mis à notre place, a souffert pour nous, comme s'il eût été nous-mêmes ; et il ne cesse de répandre ses dons sur nous. Que nos biens se répandent donc sur ceux qui en ont besoin ; que notre foi et notre justice se posent devant Dieu pour couvrir leurs péchés et demander grâce pour eux. Prenons pour nous la misère de notre prochain ; faisons nôtres son travail et sa servitude : c'est ce que

Christ a fait à notre égard. Voilà la charité chrétienne, voilà la vraie règle de la vie. Telle elle est toujours partout où la foi est véritable et sincère. Aussi l'apôtre saint Paul attribue-t-il à la charité ce caractère particulier de ne pas chercher son intérêt.

Nous concluons donc que le chrétien est un homme qui vit non en lui-même, mais en Christ et son prochain; en Christ par la foi, en son prochain par la charité. La foi l'élève au-dessus de lui-même jusqu'en Dieu; la charité l'abaisse au-dessous de lui-même jusqu'à son prochain; et, néanmoins, toujours il demeure en Dieu et en son amour. « En vérité, je vous le dis, que désormais vous verrez le Ciel ouvert et les anges de Dieu montant et descendant au-dessus des fils des hommes [1]. »

Telle est la liberté chrétienne, liberté spirituelle et vraie qui affranchit nos cœurs du péché, de la loi, des préceptes. C'est d'elle dont saint Paul dit : « Il n'y a point de loi pour le juste. [2] » Elle surpasse toutes les libertés extérieures autant que le Ciel surpasse la terre : Que Jésus-Christ veuille nous la faire comprendre et aimer. Amen.

1. Jean, I.

2. Timothée, I.

Comme il n'y a chose si bien dite qui ne puisse être mal comprise et détournée de son sens, par des esprits peu intelligents, voici ce que j'ajouterai encore : Il y en a plusieurs qui à l'ouïe de cette prédication de la liberté chrétienne la tourneront en licence. Ces hommes pensent que tout leur est permis; ils ne comprennent le christianisme et la liberté que comme l'abandon et le mépris des cérémonies, des traditions et des lois humaines; comme si ne point jeûner à certains jours, manger de la chair pendant que d'autres jeûnent, s'abstenir de prier, et se rire des ordonnances humaines suffisait pour faire un chrétien! Il en est d'autres, au contraire, qui cherchent leur salut dans l'obéissance et la soumission aux cérémonies religieuses, qui, dans ce but, jeûnent à certains jours, s'abstiennent de viandes, récitent certaines prières, exaltent les préceptes de l'église et les enseignements des Pères, et qui néanmoins ne touchent pas même à ce que nous ordonne une foi sincère. Les uns et les autres sont également coupables, en ce qu'ils mettent de côté les choses graves et nécessaires au salut, pour ne s'occuper que de choses misérables touchant lesquelles ils ne cessent de discuter. C'est avec une grande raison que saint Paul condamne ces deux opinions extrêmes et nous enseigne à marcher dans une voie moyenne : « Que celui qui mange, dit-il, ne méprise point celui qui ne mange pas ; et que celui qui ne mange point ne juge pas celui qui mange. [1] » Par ces paroles il condamne ceux qui négligent et blâment les cérémonies, non par piété, mais par mépris. « La science enfle », ajoute-t-il. Il recommande aussi aux autres de ne pas juger ceux qui n'agissent point comme eux. Les uns et les autres pèchent, en effet, contre la charité et contre l'édification. C'est ainsi que l'Ecriture nous enseigne à ne tomber ni à droite ni à gauche, mais à suivre les voies de Dieu qui sont justes et réjouissent le cœur. Si un homme n'est point juste, par cela seul qu'il s'applique aux œuvres et aux cérémonies religieuses, il ne faut pas croire qu'il le soit davantage par le fait de s'y soustraire ou de les mépriser.

Ce n'est pas des œuvres que la foi nous affranchit, mais de cette opinion insensée que par elles, nous pourrions être justifiés. La foi éclaire, élève, sauve notre conscience. Par elle nous apprenons que notre justice ne consiste point dans des œuvres ; et néanmoins pas plus que notre corps mortel ne peut se passer de nourriture, nous ne

1. Rom., XIV.

pouvons nous passer d'elles : Il ne nous est permis ni de les mépriser ni de les négliger. Ainsi, dans cette vie, nous sommes soumis à toutes les nécessités de notre corps, mais ce n'est pas cette soumission qui nous rend justes. « Nous sommes bien dans cette vie charnelle, dit saint Paul, et pourtant nous n'appartenons pas à la chair [1]. » Aussi longtemps que nous sommes dans cette vie, nous sommes assujetis aux œuvres et aux cérémonies, au devoir de gouverner notre corps; mais ce n'est pas l'accomplissement de ces devoirs qui nous rend justes, c'est uniquement la foi au Fils de Dieu.

Efforçons-nous donc d'éviter ces extrêmes. Ne nous laissons point séduire par ces hommes aveugles, endurcis, qui refusent d'écouter la voix de la vérité et de la liberté, qui exaltent leurs œuvres cérémonielles comme des moyens de justification, les prescrivent et les imposent, semblables en cela aux Juifs, qui fermaient leur intelligence et leur cœur à la vérité. Il faut résister à ces hommes, faire le contraire de ce qu'ils exigent, les scandaliser fortement, afin qu'ils ne séduisent point la foule par leur doctrine impie. Il faut devant eux manger de la chair, rompre le jeûne, faire toutes

1. Galates, 1.

sortes d'actions qu'ils considèrent comme de grands péchés, et dire d'eux : « Laissez-les, ce sont des aveugles qui conduisent d'autres aveugles. C'est ainsi que Paul refusa de laisser circoncire Tite, bien qu'ils l'en pressassent, et que Jean défendît contre eux ses disciples accusés de violer le sabbat parce qu'en ce jour ceux-ci avaient arraché des épis et fait d'autres œuvres semblables.

Quant à ces âmes simples, ignorantes, faibles dans la foi, selon l'expression de l'Apôtre, âmes encore incapables de comprendre la liberté de la foi, il faut les épargner, afin de ne point les offenser, et avoir de la déférence pour leur infirmité, en attendant qu'elles soient mieux instruites. Ces âmes n'agissent ni par malice, ni par endurcissement, mais par faiblesse de foi ; c'est pourquoi pour leur éviter le scandale, il nous faut conserver le jeûne et tout ce qu'elles considèrent comme choses nécessaires. La charité nous commande de ne blesser personne et de servir tout le monde. Si ces âmes sont faibles, la faute n'en est point à elles, mais à leurs pasteurs, qui les ont enveloppées dans les lacets de leurs traditions au lieu de les délivrer et de les guérir en leur enseignant la liberté de la foi. « Si mon aliment, dit saint Paul, scandalise mon frère, il vaut mieux pour moi de ne manger jamais de chair. Je sais par le Seigneur qu'il n'y a point d'aliment qui soit souillé par soi-même, mais celui qui croit qu'une chose est souillée, elle est souillée par lui [1]. »

C'est pourquoi bien qu'il faille résister ouvertement aux faux docteurs et à leurs traditions, attaquer vaillamment toutes les lois ecclésiastiques qui font vivre les prêtres aux dépens du peuple de Dieu, il est nécessaire d'un autre côté d'épargner cette foule timorée que les tyrans impies tiennent captive, jusqu'à ce que la lumière se fasse. Combattez donc contre les loups et non contre les brebis; attaquez ces lois humaines et ceux qui les font, tout en leur obéissant avec les faibles, afin que ceux-ci ne soient point scandalisés, et jusqu'à ce qu'ils reconnaissent la tyrannie qui pèse sur eux et ressaisissent leur liberté.

Si vous voulez user de votre liberté, faites-le en particulier, selon la recommandation de saint Paul : « As-tu la foi, garde-la en toi-même devant Dieu, mais garde-toi de scandaliser les faibles. » Oppose-la au contraire avec fermeté, avec éclat aux tyrans et à ces hommes endurcis, afin qu'ils comprennent et leur impiété et le néant de leurs lois pour la justice.

1. Rom., XIV.

La vie présente ne peut se passer d'œuvres et de cérémonies ; la jeunesse ardente et sauvage a besoin d'être domptée par de semblables liens ; chacun doit s'appliquer à soumettre son corps. Il faut donc que le ministre de Christ, fidèle et prudent, donne au peuple un enseignement vrai, touchant les œuvres, afin que ni la conscience ni la foi ne soient blessées, qu'aucune fausse opinion, « qu'aucune racine d'amertume », comme dit saint Paul, ne naisse et n'infecte le troupeau. Or, ce mal arrive toujours quand on néglige la foi, et qu'on cherche sa justification dans les œuvres. Il faut donc qu'avec celles-ci la foi soit toujours enseignée. Quand on l'ignore pour n'enseigner que des commandements d'hommes, il est impossible d'éviter cette calamité. C'est ainsi que de nos jours, grâce à l'enseignement impie, pestilentiel, homicide des traditions des papes, des rêveries des théologiens, tant d'âmes ont été enlacées et poussées en enfer qu'il est impossible d'y méconnaître l'œuvre de l'Antéchrist.

En somme, comme la pauvreté est en péril dans la richesse, la loyauté dans les affaires, l'humilité dans les honneurs, l'abstinence dans les banquets, la chasteté dans les délices ; ainsi la justice de la foi périclite dans les œuvres et les cérémonies. Qui peut, dit Salomon, porter du feu dans son giron sans en être brûlé? Et pourtant nous sommes mêlés à ce monde de richesses, d'affaires, d'honneurs, de délices, de banquets; ainsi vivons-nous entourés de cérémonies, c'est-à-dire de périls. De même que les jeunes enfants ne sauraient vivre et prospérer que par le soin et le commerce des femmes qui, plus tard, à l'âge de l'adolescence, peut leur devenir funeste; ainsi il est nécessaire que les hommes jeunes, ardents, grossiers soient tenus et corrigés par la puissance des habitudes, afin que leur âme soit garantie et fortifiée contre le vice. Ces habitudes, toutefois, leur deviendraient mortelles s'ils y cherchaient la justification de leur âme. Il faut qu'ils apprennent que s'ils ont porté ce joug, ce n'est point pour chercher dans cette soumission la justice ou un mérite quelconque, mais pour s'empêcher de faire le mal et pour se préparer à comprendre plus facilement la justice de la foi, qu'ils ne sauraient accepter qu'en faisant violence aux passions impétueuses de leur âge.

Les cérémonies dans la vie chrétienne jouent le même rôle que ces échafaudages qu'élèvent les architectes pour la construction de leurs édifices. Ces échafaudages ne sont point là pour eux-mêmes; sitôt que l'édifice est construit, ils disparaissent; mais sans eux, on n'aurait pu bâtir. Loin de les mépriser, nous les estimons grandement; mais nous repoussons l'opinion funeste qui voudrait faire d'elles un édifice permanent. Est-ce que nous n'aurions point pitié de l'insigne folie d'un homme qui passerait sa vie entière à disposer des échafaudages, à les orner somptueusement, et qui ne songerait jamais à l'édifice qu'il doit construire? Ne dirions-nous pas que ces grandes dépenses dans de vains préparatifs dont il tire tant de vanité, sont des dépenses perdues et auraient pu servir à quelque bel édifice?

Nous ne méprisons donc ni les œuvres ni les cérémonies, mais uniquement l'opinion qu'on a d'elles et cette fausse justice qu'on leur demande, comme font ces hypocrites qui y appliquent leur vie tout entière et ne parviennent jamais à la paix que la grâce seule peut leur donner. Ils apprennent toujours, dit l'Apôtre, et ne parviennent jamais à la connaissance de la vérité. Ils se préparent sans cesse à édifier et n'édifient jamais; ils ont toute l'apparence de la piété, mais non la vertu.

Ils se complaisent dans ces pratiques; ils jugent et condamnent tous ceux qui ne s'y adonnent point avec la même ardeur, et ils abusent ainsi des dons de Dieu, qui pourraient leur servir à faire de grandes choses et pour leur salut et pour celui des autres, s'ils avaient la foi. Comme la nature humaine est portée à la superstition et prompte à chercher dans l'obéissance aux lois qu'on lui impose des motifs de justification; comme le bon sens et la raison s'émoussent par l'exercice continuel de toutes ces pratiques, il est impossible que l'homme par lui-même s'élève au-dessus de cette servitude et arrive à la liberté de la foi.

C'est pour cela qu'il faut que Dieu nous parle et nous conduise, qu'il nous rende dociles à sa loi et qu'il l'écrive dans nos cœurs, ainsi qu'il l'a promis. Autrement c'en est fait de nous. Si lui-même ne nous enseigne point cette sagesse mystérieuse et cachée, notre raison naturelle ne peut que la condamner et la tenir pour hérétique; car elle en est scandalisée, elle l'appelle une folie. Jadis les prophètes et les apôtres en ont fait l'expérience, et nous voyons aujourd'hui comment nous traitent ces prêtres impies et leurs aveugles adulateurs.

Dieu veuille exercer sa miséricorde sur nous et faire luire sa face sur eux, afin que nous apprenions sa volonté et que nous la fassions connaître à tous les peuples du monde. Qu'il soit béni aux siècles des siècles. Amen.

L'an du Seigneur M D XX.

Achevé d'imprimer

le vingt-cinq décembre mil huit cent soixante-dix-huit

POUR

G. FISCHBACHER, ÉDITEUR

Par CHARLES UNSINGER, IMPRIMEUR

A PARIS

BIBLIOTHEQUE NATIONALE DE FRANCE

3 7531 03768084 1

www.ingramcontent.com/pod-product-compliance
Lightning Source LLC
LaVergne TN
LVHW020212030726
842520LV00003B/1032